Schirner Verlag

Britta Diana Petri

Zauberhafte Mandelmus-Rezepte

aus der RainbowWay® -Vitalkost-Küche

Schirner Verlag

ISBN 978-3-8434-5041-6

Britta Diana Petri:
Zauberhafte Mandelmus-Rezepte
aus der RainbowWay® -Vitalkost-Küche

Umschlag: Murat Karaçay, Schirner
unter Verwendung eines BIldes von © tein
www.pond5.com
Satz: Arne Gutowski, Schirner
Redaktion: Katja Hiller, Schirner
Printed by: OURDASdruckt!, Celle, Germany

www.schirner.com

2. Auflage Dezember 2012

Inhalt

Grußwort von Teresa-Maria Sura 7
Einführung 8
Was ist das Besondere an der Vitalkost? 10
Mandeln und Mandelmus 14
Zutaten und Super Foods 18
Geräte für die Zubereitung der Mandelmus-Rezepte 24

Die Rezepte 26
Cremesuppen auf Mandelmusbasis
und Mandelrahmspinat 27
Cremesuppen (Grundrezept) 27
Tomaten-Basilikum-Suppe / Kürbiscremesuppe
Kräutercremesuppe / Pikante Keimsaatensuppe
Grüne Spargelcremesuppe / Brennnesselcremesuppe
Mandelrahmspinat (Grundrezept) 31
Mandelrahmbrennnessel / Mandelrahmwildkräuter
Mandelbutter 33
Cremige Mandelbutter (Grundrezept) 33
Gartenkräuter-Butter / Italienische Kräuter-Butter / Feurige Kräuterbutter
Indische Kräuterbutter / Tamari-Bockshorn-Butter / Kapuzinerkressebutter
Löwenzahnbutter / Knoblauchsraukebutter / Bärlauchbutter
Mandelmuskäse 38
Käsebällchen 38
Helle Käsecreme 39
Scharfe Käsecreme 41
Kräuterkäsecreme 42
Pasta-Käse 42
Mandelmayonnaise und Salatdressings 43
Mandelmayonnaise 44
Kräuterremoulade 45

Dressings 45
Gartenkräuterdressing / Exotisches Currydressing
Sauerampfer-Vogelmiere-Dressing
Sahnemeerrettich 47
Würzige Saucen 49
Grüne Kräutersauce (Grundrezept) 49
Rote Feuersauce / Mango-Curry-Sauce / Papayasauce
Kräuter-Käse-Sauce / Tomaten-Kakao-Chili-Sauce
Würzige und pikante Mandelpasten 55
Schnittlauch-Paste 57
Gartenkräuter-Paste / Wildkräuter-Paste
Tomate-Kräuter-Paste / Ananas-Curry-Paste / Ingwer-Zitrone-Paste
Süße und fruchtige Mandelpasten 63
Zubereitung aller süßen Mandelpasten 63
Ananas-Nougat-Paste / Banane-Zitrone-Paste
Pitahaya-Dattel-Papaya-Paste / Carob-Lucuma-Orange-Paste
Kokos-Mango-Ananas-Paste / Dattel-Kakao-Minze-Paste
Mandelmarzipan 68
Einfaches Nougat 68
Vitalköstliche Version von Mozartkugeln 70
Desserts und Dessertsaucen 71
Fruchtsorbet 72
Joghurt 74
Cremespeisen 76
Schokocreme / Erdbeerdessert / Kokos-Beeren-Creme
Himbeer-Rosen-Malven-Dessert
Gefüllter Mandel-Zimt-Apfel 80
Heidelbeerpudding 81
Dessertsaucen 83
Vanille-Kokos-Orange / Carob-Ananas / Rohkakao-Zimt-Chili
Schoko-Dattel-Pfirsichminze / Sauerkirsch-Dattel / Erdbeer-Carob-Vanille
Mandelmilch und Shakes 86
Mandelmilch (Grundrezept) 86
Süße Mandelmilch / Mandelmilch mit Carob / Kakao-Zimt / Vanille
Orange-Vanille / Mandelmilch mit Kokos / Keimsaaten-Mandelmilch
Verschiedene Fruchtshakes 89
Erdbeershake / Exotische Shakes
Power-Shake mit Super Foods 92

Grußwort von Teresa-Maria Sura

Wie wunderbar, dass Britta Diana Petri nun endlich einige ihrer wundervollen Rezepte als Buch preisgibt! Wer ihre Aufstriche und Dips schon einmal auf einer Messe oder in einem Kurs probieren durfte, weiß, dass diese absolut köstlich sind.

Britta ist für mich eine herausragende Persönlichkeit im Bereich der Vitalkost, deren überfließende Kreativität, Kompetenz und Großzügigkeit mich immer wieder begeistern. Ihre Kreationen, die ein Beitrag für ein gesünderes und bewussteres Leben sind, sind einfach nur genial. An ihr schätze ich besonders ihre undogmatische, flexible und offene Art, dem Leben und auch dem Thema Ernährung zu begegnen.

Britta, ich hoffe, dieses kleine Buch ist der Auftakt für eine ganze Reihe wunderbarer Bücher, in denen du dein enormes Wissen, deine Begeisterung und deine Liebe für diese Schöpfung mit uns teilst!

Ich umarme Dich,
Teresa
Inhaberin von Taste-of-love und
Veranstalterin der Rainbow-Spirit-Festivals

Einführung

Dass mein erstes Buch ausgerechnet zum Thema Mandelmus erscheint, hätte ich selbst nicht gedacht. Aber manchmal führt ein Ereignis zu einem anderen, und plötzlich entsteht etwas Ungeplantes, etwas Neues.

Mit meinem Stand der RainbowWay® Akademie – Schule für natürliche Gesundheitsvorsorge, vegane Vitalkost und holistische Lebenskunst – nehme ich jedes Jahr an zahlreichen Messen und Festivals teil. Dort biete ich neben Informationen zu den Ausbildungen auch Vitalkost-Kreationen an. So können die Besucher direkt erleben, wie genussvoll Gourmet-Vitalkost ist und wie leicht deren Zubereitung ist.
Auf einer dieser Messen war das Büfett viel früher leer, als ich erwartet hatte. Zum Glück konnten mein Team und ich am Stand der Firma Soyana ein paar Eimer Mandelmus erstehen. An einem anderen Stand gab es noch reichlich Kräuter und Wildkräuter. Aus diesen »Schätzen« entstand spontan die erste grüne Mandelpaste. Sie war so lecker, dass sie die Besucher begeisterte und diese immer wieder nach dem Rezept fragten. Weil ich selbst nicht nach Rezepten arbeite, sondern immer der Intuition folgend kreiere, war es mir nie wichtig, die Rezepte aufzuschreiben.

Auf dem Rainbow-Spirit-Festival 2011 war wieder einmal alles Mitgebrachte verspeist, und mein Team und ich mussten improvisieren. Glücklicherweise stand mein rettender Aussteller-Kollege in der Nähe und lieferte uns eimerweise leicht zu verarbeitende Rohstoffe, die wir im Handumdrehen in neue und schmackhafte Mandelmus-Kreationen verwandelten.
Direkt gegenüber hatte der Schirner Verlag seinen Stand, und so erlebten auch Heidi und Markus Schirner Mandelmus in der neuen Konsistenz, den tollen Farben und den leckeren Geschmacksrichtungen. Heidi Schirner bedauerte, dass es keine Rezepte für diese Kreationen gab. Die spontane Entscheidung: Ein Buch muss her, in dem genau diese Mandelmus-Rezepte stehen. Nun, hier ist dieses Buch, und ich gebe Ihnen, liebe Leser, meine beliebtesten Kreationen weiter.

Britta Diana Petri

Was ist das Besondere an der Vitalkost?

Mandelmus-Rezepte sind nur ein kleiner Teil des unbeschreiblich leckeren Vitalkost-Universums. Mit einer Ernährung durch Vitalkost stärken Sie Ihre Gesundheit und fördern zudem die Entwicklung Ihres Potenzials. Menschen, die gesund und glücklich sind und ihr volles Potenzial entwickelt haben, sind autark. Sie sind auch in der Lage, eine lichtvolle Lebensweise im Innen und im Außen zu leben, zum Wohle des Selbst und zum Wohle des Ganzen. In einem lichtvoll ernährten Körper entwickeln sich ein lichtvoller Geist, ein weites Bewusstsein und ein Zugang zur grenzenlosen, allgegenwärtigen Weisheit. Je lichtvoller und ganzheitlicher wir leben, denken und uns ernähren, desto stärker wachsen unser individuelles und unser gemeinsames Potenzial, unser Respekt vor der Schöpfung und die bedingungslose Liebe zu allem, was ist.

Qualität muss Quantität ersetzen! Verbessern wir unsere physische und psychische Qualität, wird sich die Menschheit in eine neue Dimension erheben. Sie wird endlich zu dem werden, was sie wirklich ist. Sie wird sich selbst und ihren Lebensraum behüten und stets Entscheidungen treffen, die dem Wohl des Ganzen dienen, weil sie selbst Teil des Ganzen ist. Wirkliche Selbstliebe bedeutet bedingungslose Liebe zu allem, was ist.

Das alte Zeitalter, in dem wir – holistisch gesehen – im Dunkeln saßen, verabschiedet sich. Egoistisches und dogmatisches Denken und Handeln, das Blockieren von Energie zur Selbstbereicherung auf Kosten des Ganzen und jegliches Konkurrenzdenken gehören nicht mehr in die neue Zeit. All das ist Teil der Vergangenheit. Das neue Zeitalter braucht ein Wirken aller zum Wohle des Ganzen. Es braucht gesunde, starke und weise Menschen, die über eine ganzheitlicher Sicht verfügen. Es braucht intuitives Wissen, autarke Individuen, Kreativität, Lebensfreude, Wohlstand, Schaffenskraft, Herzlichkeit und jede Menge Humor!

Pflanzen, die die Energien, Elemente und Informationen von Himmel und Erde in sich vereinen und im gesamten Spektrum des Regenbogens an uns weitergeben, unterstützen uns in unserer Entwicklung. Wir müssen nur wirklich in Symbiose mit ihnen leben, dann funktioniert alles optimal. Aus diesem Grund ist lebendige Nahrung, die noch alles Leben und alle Informationen und Elemente in sich trägt, so wichtig für uns. Als frische, rohe und vegane Vitalkost bezeichnet man natürliche Nahrungsmittel in Bioqualität, die nicht über 42°C erhitzt werden und die noch all ihre Enzyme, Vitamine, Mineralstoffe und sämtliche Vitalstoffe und Photonen enthalten! Lebendige Pflanzennahrung versorgt uns sofort mit aktuellen Ordnungsinformationen und Lebensenergie. In der Vitalkosternährung wird auch auf Tierprodukte und Fleisch verzichtet. Die Tiere haben ihre Körper auch aus Pflanzennahrung aufgebaut, z.B. aus Gräsern, Blättern, Kräutern, Früchten oder Samen. Warum sollte der Mensch also das Tier verspeisen, nur um an wertvolle Lebensstoffe der lichtvollen Pflanzennahrung heranzukommen? Für diesen Umweg müssen die Tiere getötet werden. Und dazu besteht bei der Vielfalt an Nahrungsmitteln absolut keine Notwendigkeit, von der spirituellen und ethischen Bedenklichkeit einmal ganz abgesehen. Außerdem erhält man auf diese Weise nur schwer verpackte »Second-Hand-Pflanzennahrung«, die der Körper unter großem Aufwand wieder in brauchbare Stoffe verarbeiten muss. Uns Menschen fällt es viel leichter, Aminosäuren aus frischer Pflanzennahrung in körpereigene Substanzen zu verwandeln, als tierisches Eiweiß in körpereigenes Gewebe umzubauen. Fremdeiweiß belastet unseren Organismus zudem stärker und kann giftige Säuren und Rückstände hinterlassen.

Also: Essen wir am besten gleich das, was wir ohne Belastung sofort in Lebensenergie umwandeln können. Das spart Zeit und Kraft, schont Mensch, Tier und Erde und bringt größtmögliches Wachstum. Und es fühlt sich rundum gut an.

Aus eigener langjähriger Erfahrung weiß ich, dass ich bei veganer Vitalkosternährung den für mich besten Gesundheitszustand, das weiteste Bewusstsein und die größte Schaffenskraft aufrechterhalten kann – und das konstant. Auch bin ich damit besonders stressresistent – sofern ich genügend Schlaf, Licht, Luft und Bewegung bekomme – und kann allzeit meinen Humor bewahren. Esse ich z.B. einmal größere Mengen als nötig, esse ich vieles durcheinander, würde ich auf konventionelle Nahrung – selbst vegetarische – zurückgreifen oder schlafe ich zu wenig, schwindet die Energie merklich, mein Bewusstsein wird enger und meine Schaffenskraft verringert sich erheblich. Unser Potenzial steht und fällt mit der Art der Ernährung und unserer Lebensweise.

Dieses Büchlein ist ein kleiner Teil einer großen, universellen Lebensphilosophie und einer wundervollen Ernährungsform – der veganen Vitalkost. Mit den Kreationen erleben Sie höchsten Genuss bei hervorragender Versorgung mit Vitalstoffen. Alle Speisen sind vegan, glutenfrei, und die Zutaten haben Bio- und Rohkostqualität. Man muss also nicht unter einer Laktoseintoleranz leiden, um diese leckeren Mandelmus-Rezepte und Alternativen zu Milchprodukten zu lieben. Aber wer unter einer Laktoseintoleranz leidet, wird nie wieder das Gefühl haben, auf Genuss verzichten zu müssen. Im Gegenteil: Mit Vitalkost geht noch viel mehr!

Mandeln und Mandelmus

Mandeln haben einen beachtlichen Nährwert und Vitalstoffgehalt und sind ein bedeutender und vielseitig einsetzbarer Bestandteil in der veganen Vitalkostküche. Die kulinarischen Möglichkeiten sind kaum zu beschreiben. Man muss sie einfach »erleben« und »genießen«. Mandelbäume werden bereits seit mindestens 4000 Jahren kultiviert. Heute findet der Anbau hauptsächlich in den USA (Kalifornien), im Mittelmeerraum, in Pakistan und im Iran statt. Mandeln reifen aber auch wunderbar in den Weinanbaugebieten in Deutschland heran. Ein

Mandelbaum kann etwa zwei bis acht Meter hoch werden. Im Frühling, von März bis April, öffnet er seine herrlichen, einzeln stehenden Blüten, noch bevor er sein Laub entfaltet. Über den Sommer, von Juli bis August, reifen dann die Früchte, die Mandeln, heran.

Der botanische Name dieser Kostbarkeit lautet Prunus dulcis und Mandel gehören zur Gattung Prunus, Tribus Amygdaleae in der Familie der Rosengewächse. Man unterscheidet zwischen bitteren Mandeln und süßen Mandeln. Das Mandelmus für die naturgesunden und schmackhaften Vitalkostrezepte dieses Buches wird aus süßen Mandeln hergestellt. Mandeln enthalten wertvolle Öle, Mineralien und Spurenelemente, fettlösliche Vitamine, Vitalstoffe, Lebenskraft und Ordnungsinformationen. Stellen wir uns vor, dass aus einer Mandel ein so wunderschöner und stattlicher Baum heranwächst, dann erkennen wir, welch großes Potenzial in der Mandel schlummert. Wir können Mandeln pur genießen, zur Dekoration von Speisen verwenden oder vitalköstliche Kreationen daraus zubereiten.

Sollten Sie über die Kenntnisse und entsprechenden Geräte verfügen, um Mandelmus aus frischen Mandeln in Rohkostqualität selbst herzustellen, können Sie dies natürlich tun. Sie können aber auch ein fertiges Mandelmus verwenden, das von unterschiedlichen Herstellern angeboten wird. Sämtliche Rezepte in diesem Buch habe ich mit einem gebrauchsfertigen Mandelmus der Firma Soyana hergestellt, das mich schon beim Kreieren der ersten grünen Mandelpsten überzeugte. Dieses Mandelmus in Bioqualität ist sehr hell, rein und gut verträglich, weil die braune Haut der Mandeln nicht mit verarbeitet wurde. Mit diesem Produkt gelingen Ihnen die feinsten Konsistenzen der Mandelpasten und Marzipane garantiert. Sie können aber auch jedes andere Mandelmus Ihrer Wahl verwenden.

Mandelmus oder Mandelpüree in Rohkostqualität ist eine naturgesunde und besonders leckere Masse aus Bio-Mandeln, die bei niedrigen Temperaturen fein zermahlen wurden. Die Mandeln werden bei der Herstellung nicht über 42°C erhitzt, sodass keine Vitalstoffe verloren gehen. Das Besondere am Mandelmus ist, dass es im Körper im Gegensatz zu vielen Nüssen basisch verstoffwechselt wird. Weil in der heutigen Zeit die Körper vieler Menschen durch Stress, die Umweltbedingungen und die konventionelle Ernährung übersäuert sind, tun basische Nahrungsmittel, die reich an Enzymen, Vitaminen, Mineralstoffen, Spurenelementen, guten Fetten und Lebenskraft sind, der Gesundheit sehr gut. Mandelmus ist zudem »die« Alternative zu Milchprodukten, die immer mehr Menschen nicht vertragen. Bei Laktoseintoleranz oder anderen Allergien und Unverträglichkeiten bietet Mandelmus eine ideale Grundlage der Ernährung. Diese Alternative ist laktosefrei, glutenfrei, vegan, besonders genussvoll, vitalstoffreich, leicht verdaulich und dazu noch optimal verwertbar!

Die folgende Nährwerttabelle für das Mandelmus der Firma Soyana zeigt Ihnen, welche gesundheitlichen Schätze sich im Mandelmus verbergen. Die Analyse gilt pro 100 g!

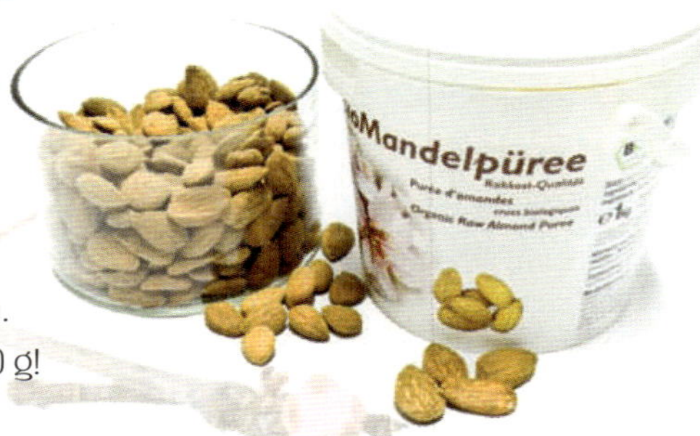

Energie	2499,0 kJ (672 kcal)
Eiweiß	20,8 g
Kohlenhydrate	5,2 g
	4,9 g davon Zucker
Nahrungsfasern	10,4 g
Fett gesamt, davon	55,6 g
gesättigte Fettsäuren	4,2 g
einfach ungesättige Fettsäuren	39,0 g
mehrfach ungesättige Fettsäuren	10,8 g
Cholesterin	0,0 g
Wasser	4,5 g
Mineralstoffe	
Magnesium	198 mg
Kalzium	249 mg
Eisen	3,96 mg
Natrium	16,8 mg
Phosphor	498 mg
Kalium	813 mg
Vitamine	
A	18,1 µg
E	24,7 mg
B1	0,21 mg
B2	0,53 mg
Niacin (PP oder B3)	3,1 mg

Zutaten und Super Foods

Achten Sie beim Kauf der Zutaten stets darauf, dass Sie frische und unbehandelte Bio-Lebensmittel auswählen. Nur ein Körper, dem Sie das Beste geben, kann auch beste Gesundheit und Leistungsfähigkeit entwickeln. Unsere Gesundheit und Lebensqualität ist immer nur so gut wie das, was wir bereit sind, in sie zu investieren.

Zum Süßen verwende ich auch Dattelsirup. Weichen Sie dazu 8–10 entkernte Datteln in etwas Wasser ein. Dann geben Sie alles zusammen in den Mixer und stellen daraus eine glatte, sirupähnliche Masse her. Füllen Sie den Sirup in eine kleine Flasche, so ist er gekühlt etwa 3–4 Tage haltbar. Wenn Sie die Datteln ohne zusätzliche Flüssigkeit pürieren, entsteht ein zähes Dattelmus, das sich ebenso lange hält wie die Trockenfrüchte selbst.

Um Nüsse leichter verdaulich zu machen, das gilt auch für Mandeln, sollten sie vor dem Verzehr ca. 10 Stunden in Wasser eingeweicht werden. Wer sie trocken verwenden will, kann sie dann wieder zurücktrocknen, z.B. im Lebensmitteltrockner.

Beeindruckend finde ich die Mischung von Bio-Mandelmus von Soyana und Bio-Premium-Kokosmuss von Dr. Goerg. Diese

Mischung ist genial für besonders hochwertige Mandelmilch-Getränke mit einem leicht exotischen Kick.

Einige der beliebtesten Super Foods

Ashwagandha-Pulver

Ashwagandha, auch als Schlafbeere bekannt, gehört zur Familie der Nachtschattengewächse. Sie kommt u.a. in Afrika, Indien und China vor und gehört zu den beliebtesten Zugaben in den ayurvedischen Lehren. Für das Pulver wird die Wurzel der Pflanze verarbeitet. Man sagt der Schlafbeere eine beruhigende und allgemein stärkende Wirkung nach, ähnlich dem Ginseng.

Carobpulver

Carobpulver wird aus den Früchten des Johannisbrotbaums gewonnen, einer Pflanze aus der Familie der Hülsenfrüchtler. Der natürliche Zuckergehalt und das fruchtige Karamellaroma des Pulvers erinnern an Kakao, aber Carobpulver ist weniger bitter. Daher wird es häufig zum Süßen verwendet. Im Unterschied zum Kakaopulver ist Carobpulver sehr fettarm, frei von anregenden Substanzen wie Koffein oder Theobromin und enthält die Vitamine A und B sowie Kalzium und Eisen. Carobpulver kann als Ersatz für Kakaopulver verwendet werden.

Chia-Samen

Chia gehört zur Familie der Lippenblütler, und kommt vorwiegend in Mexiko, dem Südwesten der USA und in Bolivien vor. Die kleinen Samen sind reich an Omega-3-Fettsäuren und hochwertigem Protein, Vitaminen, z.B. Vitamin A, Niacin, Thiamin, Riboflavin, Antioxidantien und Mineralien, z.B. Kalzium, Phosphor, Kalium, Zink und Kupfer. Chia kann das Zehn- bis Zwölffache seines Volumens an Flüssigkeit aufnehmen. Dadurch wird eine langsame und kontinuierliche Abgabe der Nährstoffe an den Körper begünstigt.

Hanfproteinpulver

Das glutenfreie Hanfproteinpulver wird aus Hanfsamen gemacht und enthält einen hohen Anteil an Protein. Daher eignet es sich sehr gut für Sportler und Menschen mit einem sehr aktiven Lebensstil. Die Zusammensetzung essenzieller Omega-3- und Omega-6-Fettsäuren steht beim Hanfproteinpulver in einem optimalen Verhältnis. Zudem beinhaltet es viele Vitamine, Enzyme und Mineralstoffe.

Sonnenblumenlezithin

Sonnenblumenlezithinpulver auf Reisträger in Rohkostqualität verbindet Wasser und Fett, wodurch die Textur der Speisen cremig wird. Dadurch ist es vielseitig einsetzbar, z.B. in Schokoladen, Desserts, Cremes, Quiches oder Dips.

Macapulver

Die Maca-Pflanze gehört zu den Kressen in die Familie der Kreuzblütler und wird vor allem in den Höhenlagen der peruanischen Anden angebaut. Das Macapulver, das im Geschmack an Karamell und Vanille erinnert, wird aus der Wurzelknolle hergestellt, die Eiweiße, viel Eisen, Zink, Magnesium, Kalzium, Kohlenhydrate, Phosphor, Zucker, Stärkestoffe, wichtige Mineralstoffe und nahezu alle Vitamine enthält. Der Maca-Pflanze werden positive Effekte auf die körperliche Leistungsfähigkeit und die psychische Belastbarkeit zugeschrieben. Außerdem soll sie Depressionen und chronischer Müdigkeit entgegenwirken.

He Sho Wu (Fo-Ti)

Der Name dieses Super Food bedeutet »Herr mit den schwarzen Haaren«. Das Pulver wird aus der Wurzel des Vielblütigen Knöterichs gewonnen und ist in China ein altbewährtes Heilmittel und eines der bekanntesten asiatischen Kräuter in der TCM. Ihm werden u.a. blutreinigende, entgiftende, energiefördernde und jungerhaltende Eigenschaften zugeschrieben. Man setzt es auch zur Stärkung von Haar und Zähnen sowie bei Haarausfall und Ergrauen ein.

Mesquitepulver

Mesquite-Pflanze, auch Prosopis genannt, ist eine Gattung der Mimosengewächse in der Familie der Hülsenfrüchtler. Die Süßhülsen-Bohnen, so die deutsche Bezeichnung, werden getrocknet und zu Pulver vermahlen. Mesquitepulver ist reich an Kalzium, Magnesium, Kalium, Eisen und Zink sowie der essenziellen Aminosäure Lysin. Es wird in der Vitalkostküche auch zum Süßen eingesetzt, denn es schmeckt nach Nüssen und Karamell.

Lucumapulver

Lucuma ist eine goldgelbe, süßliche Frucht aus den südamerikanischen Bergen. Lucumapulver ist sehr nährstoffreich, enthält viel Beta-Carotin, Kohlenhydrate, Ballaststoffe, Vitamine, z.B. B1, B2, B3/Niacin, und Mineralien, z.B. Eisen. Das Pulver ist auch für Diabetiker zum Süßen geeignet.

Shilajitpulver

Shilajit, auch Mumijo genannt, ist ein komplexes Naturprodukt, dem eine verjüngende, gewebestärkende, reinigende Wirkung sowie reduzierende Wirkung auf das Fettgewebe nachgesagt wird. Es weist ein ungewöhnliches Spektrum von 85 Mineralstoffen, Spurenelementen und komplexbildenden Huminsäuren auf. Shilajit, das wichtigste natürliche Heilmittel in der ayurvedischen Medizin, findet man in Felsen im unteren Himalaja. Dort entsteht es, wenn die Sonne auf das ausgetretene Erdharz auf eisenerzhaltigem Gestein einstrahlt. Danach wird es in einem natürlichen Prozess gereinigt und getrocknet.

Kakaobutter oder Kakao-Liquor

Kakaobutter wird auch als Kakaoöl bezeichnet. Das köstliche Öl der Kakaobohne wird schonend gewonnen und hat eine zart gelbe Farbe und einen milden Kakaogeschmack. Rohe Kakaobutter wird kalt gepresst, wodurch die natürlichen Inhalts- und Nährstoffe erhalten bleiben. Sie enthält wertvolle natürliche Antioxidantien und schmilzt bei Körpertemperatur.

Kakaoliquor zeichnet sich durch seine Bio- und Rohkostqualität aus. Liquor besticht durch seinen geringeren Säuregehalt und seine wenigeren Bitterstoffe. Die Kakaonibs werden zu einer Art zähem Brei vermahlen, der ab unter einer Temperatur von 38–40 °C fest wird.

Geräte für die Zubereitung der Mandelmus-Rezepte

Für die Zubereitung der Mandelmus-Rezepte lohnt sich der Kauf eines leistungsstarken Mixers oder einer Küchenmaschine mit S-Messer. Wenn Sie auch gefrorene Früchte oder Eiswürfel verarbeiten wollen, empfehle ich einen wirklich starken Mixer, z.B. ein VitaMix oder ein Revoblend.

Für kleinere Mengen oder für den Einsatz am Arbeitsplatz reicht auch ein kleineres Gerät aus, z.B. ein Personal Blender, oder auch ein guter Pürierstab. Mit solch einem Gerät kann man überall die leicht zu verarbeitenden Zutaten für Mandelmilch, Suppen, Saucen oder Desserts zubereiten oder auch die Kräuter, Früchte und Gemüse für die Mandelpasten zerkleinern.

Verwenden Sie für die Zubereitung der Gerichte stets reinstes Wasser ohne Kohlensäure, also z.B. gutes Quellwasser, hochwertiges Flaschenwasser oder selbst aufbereitetes Wasser.
Ich selbst verwende zum Trinken und bei der Zubereitung stets Wasser aus meinem Ionisator, der mir bei hervorragender Filterleistung noch die Wahl lässt, Wasser mit unterschiedlichsten pH-Werten herzustellen. Für unterwegs dient mir ein mobiler Tischfilter, der gefiltertes und basisches Wasser erzeugt.

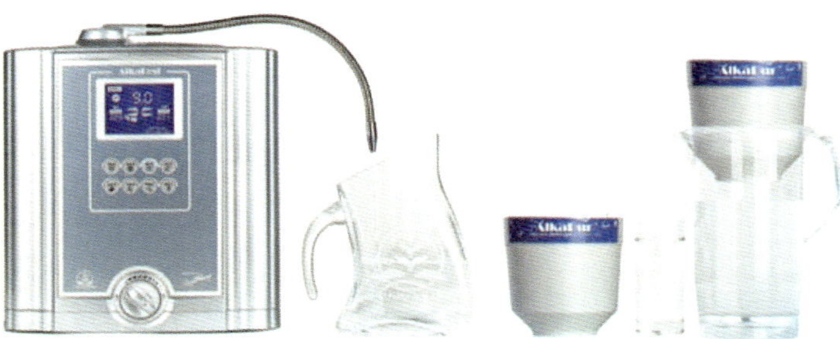

Die Rezepte

Cremesuppen auf Mandelmusbasis und Mandelrahmspinat

Cremesuppen (Grundrezept)

Zutaten

250 g Gemüse Ihrer Wahl
250–500 ml Wasser, je nach gewünschter Konsistenz
1–2 EL Mandelmus
1 EL Chia-Samen, die 30 Minuten eingeweicht wurden
alternativ zu Chia-Samen 1 EL Sonnenblumenlezithin
Kräuter und Gewürze nach Wunsch

Zubereitung für alle Cremesuppen

Schneiden Sie das Gemüse klein. Geben Sie alle Zutaten in den Mixer, und mixen Sie sie zu einer cremigen Suppe. Wenn die Suppe warm sein soll, nehmen Sie bis 40°C erwärmtes Wasser! Die Rezepte funktionieren auch ohne Lezithine. Wenn Sie jedoch eine anhaltend cremige Konsistenz erreichen möchten, z.B. für ein Büfett, geben Sie einfach eine Menge zwischen 1 TL und 1 EL Sonnenblumenlezithin oder Hanflezithin dazu.

Varianten

Tomaten-Basilikum-Suppe

250 g Tomaten (50 % frische Tomaten und 50 % getrocknete Tomaten, die über Nacht eingeweicht wurden)
250–500 ml Wasser, je nach gewünschter Konsistenz
1–2 EL Mandelmus
1 EL Chia-Samen, die 30 Minuten eingeweicht wurden
alternativ zu Chia-Samen 1 EL Sonnenblumenlezithin
Rosenpaprika, Kristallsalz und Pfeffer zum Würzen

Tipp: Auch frisches Basilikum passt wundervoll in diese Suppe! Als Dekoration verwende ich gern gemahlene Cashewkerne, gemischt mit fein gewiegtem Basilikum oder gemahlene Gewürze und Blüten.

Kürbiscremesuppe

200 g Butternusskürbis
50 g Birne
250–500 ml Wasser, je nach gewünschter Konsistenz
1–2 EL Mandelmus
Saft einer halben Zitrone oder Limone
1 Prise schwarzer Pfeffer
½ TL Kurkuma
1 Prise Kristallsalz nach Wunsch

Tipp: Zur Dekoration verwenden Sie fein gehackte Kürbiskerne, frische Kresse und Paprikapulver.

Kräutercremesuppe

3 EL Mandelmus

500 ml Wasser

1 EL Kürbiskernöl

1 TL frischer Zitronenthymian

1 EL frischer Majoran

2 EL Schnittlauch oder ½ Schalotte

2 Blätter Borretsch

1 EL frisch gehackte Petersilie

1 Prise Kristallsalz

Saft einer halben Limone

Pikante Keimsaatensuppe

Zutaten

½ Tasse Sonnenblumenkerne (über Nacht eingeweicht)
1 EL Sesam (über Nacht eingeweicht)
2 EL Mandelmus
1 EL Tamari
500 ml Wasser
Saft einer halben Zitrone
1 Prise Kristallsalz
1 Prise getrocknete Suppenkräuter

Tipp: Garnieren Sie die Suppe mit frischer Petersilie und Sonnenblumenkeimlingen.

Grüne Spargelcremesuppe

2–3 EL Mandelmus
200 g grüner Spargel
2 Blätter Borretsch
500 ml Wasser
Saft einer halben Limone
½ TL getrocknete und gemahlene Suppenkräuter
1 Prise Kristallsalz

Brennnesselcremesuppe

2–3 EL Mandelmus
2 Tassen junge Brennnesseln
1 Prise Muskatnuss
1 Prise schwarzer Pfeffer
1 Prise Kristallsalz
500 ml Wasser
1 TL Tamari auf Wunsch

Mandelrahmspinat (Grundrezept)

200 g Babyspinat
1 gehäufter EL Mandelmus
½ TL Muskatnuss
1 Prise schwarzer Pfeffer
1 Prise Kristallsalz

Zubereitung

Geben Sie den jungen Spinat in die Küchenmaschine oder in den Mixer. Fügen Sie das Mandelmus und die Gewürze dazu, und verarbeiten Sie alle Zutaten zu einem samtigen Rahmspinat.

Tipp: Der Spinat passt wunderbar zu Zucchini-Julienne oder als Belag für eine rohköstliche Spinat-Pizza. Sie können auch Salatschiffchen mit ihm füllen.

Varianten

Mandelrahmbrennnessel

Ersetzen Sie den Spinat durch junge frische Brennnessel.

Mandelrahmwildkräuter

Für diese Variante ersetzen Sie den Spinat durch gesammelte frische Wildkräuter, wie z.B. Melde, Vogelmiere, Franzosenkraut, Spitz- oder Breitwegerich, Giersch und Brennnesseln. Sie können ein Wildkraut oder eine Mischung aus allen Wildkräutern verwenden.

Mandelbutter

Cremige Mandelbutter (Grundrezept)

Zutaten

200 ml Wasser
200 g Mandelmus
Saft einer Zitrone oder einer Limone
1 TL Sonnenblumenlezithin
200 ml Rapskernöl, Sesamöl, Mandelöl oder 1 Öl Ihrer Wahl
1 Prise fein gemahlenes Kristallsalz (auf Wunsch)

Zubereitung

Geben Sie das Wasser, den Zitronensaft, das Mandelmus und das Sonnenblumenlezithin in den Mixer, und vermischen Sie alles zu einer glatten Masse. Als Nächstes lassen Sie beim Mixen langsam das Öl einlaufen, bis eine streichfähige Masse entsteht. Dann geben Sie Kristallsalz oder die gewünschten Gewürze hinzu und mixen alles noch einmal durch. Füllen Sie die Masse in ein passendes Gefäß, und stellen Sie es kühl. So ist Ihre Mandelbutter einige Tage haltbar. Wenn Sie kein Sonnenblumenlezithin zur Hand haben, können Sie die Mandelcremebutter zum sofortigen Verzehr auch ohne diese Zutat herstellen.

Verschiedene Buttervarianten

Für die unterschiedlichen Varianten schneiden Sie die frischen Kräuter sehr fein und vermischen diese mit der Mandelbutter. Die Aromen der Kräuter intensivieren sich dabei auf wundervollste Weise. Sie können auch getrocknete Kräuter verwenden oder frische Kräuter mit getrockneten Kräutern oder Gewürzen kombinieren.

Gartenkräuter-Butter

Verwenden Sie für dieses Rezept frische Kräuter!

½ Tasse Schnittlauch
½ Tasse Petersilie
½ Tasse Dill
Würzen Sie auf Wunsch mit schwarzem Pfeffer und Kristallsalz.

Italienische Kräuter-Butter

1 TL gilt für getrocknete, für frische Kräuter nehmen Sie 1 EL

1 TL Thymian
1 TL Majoran
1 TL Oregano
1 EL Schalotten
1 EL sehr fein geschnittene Gemüsepaprika
mit Paprikapulver, Pfeffer und Kristallsalz würzen

Feurige Kräuterbutter

1 TL Paprikapulver
1 Prise Kristallsalz
1 ordentliche Prise Chili aus der Mühle

Indische Kräuterbutter

2 getrocknete, sehr fein zerkleinerte Ananasringe
5 getrocknete Bananenscheiben
1 EL Currypulver (Mischung nach Wunsch)
1 kleine Prise Chili und 1 Prise Kristallsalz

Tamari-Bockshorn-Butter

1 EL Tamari alternativ Nama Shoyu
1 TL gemahlener Bockshornklee oder fein gehackte Bockshornklee-Keimlinge

Kapuzinerkressebutter

½ Tasse fein gehackte Blätter der Kapuzinerkresse
½ Tasse fein gehackte Blüten der Kapuzinerkresse
1 Prise Kristallsalz

Tipp: Kapuzinerkresse lässt sich leicht in Töpfen ziehen. Es gibt Bodenpflanze oder Ranker mit herrlichen Blüten in verschiedenen Farben. Sähen Sie ab Mai aus, und ernten Sie die angenehm scharf-würzig schmeckenden Blätter und Blüten bis zum Frost.

Löwenzahnbutter

½ Tasse junge fein gehackte Löwenzahnblätter

½ Tasse Blütenblätter des Löwenzahns

1 Prise Kristallsalz

Tipp: Sammeln Sie junge Blätter für die Zubereitung, und verwenden Sie die gelben Blütenblätter ganz frisch!

Knoblauchsraukebutter

½ Tasse frisch geerntete Knoblauchsrauke (Knoblauchsrauke wächst wild in Wald und Garten)

1 Prise Kristallsalz

Bärlauchbutter

2–3 Bärlauchblätter

1 Prise Kristallsalz

Mandelmuskäse

Käsebällchen

Zutaten

200 g Mandelmus
2–3 probiotische Kapseln oder 1 TL probiotisches Pulver, alternativ 1 EL Brottrunk oder 1 EL proEMsan
1 EL Schabzigerklee alternativ Bockshornklee
½ TL Kristallsalz

Zubereitung

Mischen Sie alle Zutaten zu einem glatten Teig, und lassen Sie diesen 12–16 Stunden bei Zimmertemperatur stehen. Sobald die Käsemasse »reif« ist, kann sie vielseitig verwendet werden.

Serviermöglichkeiten

Formen Sie Kugeln, und wälzen Sie diese in Kräutern oder Gewürzen Ihrer Wahl, z.B. in Rosenpaprika, Schnittlauch oder Currypulver.

Helle Käsecreme

Zutaten

200 g Mandelmus

2–3 probiotische Kapseln oder 1 TL probiotisches Pulver, alternativ 1 EL Brottrunk oder 1 EL proEMsan

100–150 ml Wasser, je nach gewünschter Konsistenz

1 EL Kürbiskernöl

1 Prise schwarzer Pfeffer

1 EL Tamari oder Nama Shoyu

1 EL Schabzigerklee alternativ Bockshornklee

½ TL Kristallsalz

Zubereitung

Geben Sie das Wasser, das Mandelmus und die Probiotics in den Mixer, und lassen Sie daraus eine cremige Masse entstehen. Füllen Sie die Masse in eine Schale, die Sie 12–16 Stunden an einem zimmerwarmen Ort stehen lassen. Anschließend mischen Sie alle Gewürze mit dem Kürbiskernöl. Rühren bzw. kneten Sie diese Mischung in die Käsecreme ein, lassen alles zwei weitere Stunden ruhen, und stellen Sie den Käse dann in den Kühlschrank.

Scharfe Käsecreme

Zutaten

200 g Mandelmus
2–3 probiotische Kapseln oder 1 TL probiotisches Pulver, alternativ 1 EL Brottrunk oder 1 EL proEMsan
100–150 ml Wasser, je nach gewünschter Konsistenz
1 TL Rosenpaprikapulver
4 getrocknete, eingeweichte und gemixte Tomaten
1 Chilischote (ca. 1 cm lang) oder 1 Prise Chilipulver
1 TL getrocknete italienische Kräuter
½ TL Kristallsalz

Zubereitung wie helle Käsecreme (siehe S. 40)

Tipp: Spritzen Sie die feine Käsecreme mit einer Spritztülle auf Gurken- oder Zucchini-Scheibchen oder auf Cracker. Sie ist auch ein leckerer Dip zu Tomaten, Paprika, Gurken, Zucchini und einigen Kürbisarten und Salat. Dieses Kreation passt auf jedes Vitalkost-Büfett!

Kräuterkäsecreme

200 g Mandelmus
2–3 probiotische Kapseln oder 1 TL probiotisches Pulver, alternativ 1 EL Brottrunk oder 1 EL proEMsan
100–150 ml Wasser, je nach gewünschter Konsistenz
1 EL Schnittlauchröllchen
1 TL Dillspitzen
1 TL Majoran
1 EL Schabzigerklee alternativ Bockshornklee
½ TL Kristallsalz

Zubereitung wie helle Käsecreme (siehe S. 40)

Tipp: Dekorieren Sie diese Creme mit Kräutern und Blüten. Sie können auch helle und scharfe Käsecreme mischen und diese auf Crackern oder auf Gemüsestückchen arrangieren.

Pasta-Käse

Stellen Sie eine Mandelkäsecreme nach Wunsch her, und streichen Sie diese 0,5–1 cm dick auf einem Antihaftbogen aus. Geben Sie die Creme in den Lebensmitteltrockner, und lassen Sie die Masse so lange trocknen, bis sie die gewünschte Konsistenz erreicht hat. Die Masse können Sie wie Käse zerbröckeln und über Ihre Pasta geben.

Mandelmayonnaise
und Salatdressings

Mandelmayonnaise

Zutaten

300 ml Wasser
3 gehäufte EL Mandelmus
Saft einer Orange
Saft einer halben Limone oder Zitrone
250 ml Traubenkernöl
1 Prise fein gemahlenes, 9 Mal gebranntes Bambussalz
und/oder
1 Prise fein gemahlenes Kristallsalz

Zubereitung

Geben Sie das Wasser, dann den Saft der Orange und der Limone oder Zitrone und zum Schluss das Mandelmus in den Mixer. Vermischen Sie alles, und lassen Sie ganz langsam das Öl in den laufenden Mixer einlaufen. Eine cremige Konsistenz ergibt sich. Würzen Sie mit Bambussalz, das einen leicht schwefeligen Geschmack hat, der an Ei erinnert, oder alternativ mit Kristallsalz. Lösen Sie das Salz in ein paar Tropfen Wasser auf, bevor Sie es in den Mixer geben, weil die Kristalle doch recht groß sind.

Tipp: Durch ein Weniger oder ein Mehr an Wasser, können Sie Ihre Mandelmayonnaise in verschiedene Konsistenzen bringen, von einer cremigen Mayonnaise, die sich mit der Spritztülle verarbeiten lässt, bis hin zur Mayonnaisecreme, die stehen bleibt.

Kräuterremoulade

Schneiden Sie eine Tasse voll gemischte Kräuter sehr fein. Nehmen Sie dazu etwa 50 % Schnittlauch, 15 % Petersilie, 15 % Dill und 20 % Kresse. Heben Sie dann die Kräuter sanft unter die Mandelmayonnaise.

Dressings

Gartenkräuterdressing

Zutaten

1 Tasse fein gewiegte Kräuter (Borretsch, Petersilie, Kresse, Zitronenthymian, Melisse)
1 EL Mandelmus
100 ml Wasser
Saft einer halben Zitrone

Zubereitung

Vermischen Sie alle Zutaten im Mixer miteinander, und schmecken Sie das Dressing mit einer Prise Kristallsalz und Pfeffer ab.

Varianten

Exotisches Currydressing

1 EL Mandelmus

1 kleine Banane

6 getrocknete und eingeweichte Ananasringe

100 ml des Einweichwassers

1 TL Sonnenblumenlezithin

1 EL Curry

1 Prise Chili

1 Prise Kristallsalz

Sauerampfer-Vogelmiere-Dressing

1 EL Mandelmus

100 ml Wasser

Saft einer Limone

1 Handvoll Vogelmiere

1 Handvoll fein gewiegter Sauerampfer

Kristallsalz und Pfeffer zum Würzen

Sahnemeerrettich

Zutaten

2 EL Mandelmus
1 TL Zitronensaft
150 ml Wasser, je nach gewünschter Konsistenz
1 kleiner geschälter, entkernter Apfel
50 g Meerrettichwurzel

Zubereitung

Schälen Sie die Meerrettichwurzel, und schneiden Sie sie in sehr kleine Stücke. Dadurch wird das Mixen leichter. Mixen Sie Wasser und Meerrettich auf höchster Stufe. Dann geben Sie das Mandelmus und den geschnittenen Apfel dazu. Vermischen Sie alles zu einer sahnigen Meerrettichcreme, mit der Sie verschiedenen Gerichten den nötigen Pep verleihen können. Der Sahnemeerrettich passt sehr gut in fein geraspelte Rote Bete oder als Sauce über Rote-Bete-Julienne.

Würzige Saucen

Grüne Kräutersauce (Grundrezept)

Zutaten

1–2 EL Mandelmus
200 ml Wasser
1 EL Sonnenblumenlezithin
1 Handvoll Babyspinat
1 Handvoll Petersilie
1 halbes Bund Schnittlauch
2 Blätter Borretsch
1 EL geschnittene Kresse
50 ml Kürbiskernöl
1 Prise Majoran
½ TL schwarzer Pfeffer
Kristallsalz nach Wunsch

Zubereitung

Geben Sie das Mandelmus mit Sonnenblumenlezithin, den geschnittenen Kräutern und dem Wasser in den Mixer. Geben Sie am Ende das Öl in den laufenden Mixer, um eine cremigere Konsistenz zu erhalten. Fügen Sie die Gewürze zum Schluss hinzu, und bereiten Sie die Saucen stets frisch zu! Die pikanten Saucen passen hervorragend zu Julienne aus Möhren, Kürbis, Süßkartoffeln, Zucchini und vielem mehr.

Varianten

Rote Feuersauce

1–2 EL Mandelmus
200 ml Wasser
1 EL Sonnenblumenlezithin
3 getrocknete und eingeweichte Tomaten
1 rote Spitzpaprika
2 Romana-Tomaten
1 Stückchen Chilischote oder Habanero
1 TL Paprikapulver
½ TL fein gewiegter getrockneter Zitronenthymian
½ TL getrockneter Majoran

Tipp: So stellen Sie getrocknete Tomaten selbst her. Schneiden Sie sehr reife Tomaten in Scheiben, und legen Sie diese nebeneinander auf einem Antihaftboden in den Lebensmitteltrockner. Besprühen Sie die Scheiben mit Kristallsalz, und lassen Sie sie bei 38–40°C durchtrocknen. Getrocknete Tomaten können Sie als Würze in viele Saucen und Gerichte einfügen.

Mango-Curry-Sauce

1 EL Mandelmus
1 EL Kokosmus
200 ml Wasser
Fruchtfleisch einer Mango
1 TL bis 1 EL mildes oder scharfes Currypulver
1 kleine Prise Kristallsalz
1 TL Sonnenblumenlezithin

Tipp: Diese exotische Sauce passt wunderbar zu Süßkartoffelspaghetti. Kurbeln Sie eine rohe Süßkartoffel durch einen Julienne-Schneider. Alternativ können Sie die Süßkartoffel auch in feine Stifte raspeln. Richten Sie die Spaghetti zusammen mit der Sauce an. Als fruchtige Beilage können Sie frische Orangenfilets servieren.

Papayasauce

2 EL Mandelmus

1 TL Sonnenblumenlezithin

Fruchtfleisch einer Papaya

7 frische Papayakerne

1 Prise schwarzer Pfeffer

1 Prise Kurkuma

1 geschälte und entkernte Blutorange

1 Prise Kristallsalz

Kräuter-Käse-Sauce

Zutaten

100 g helle Käsecreme (siehe S. 40)
200 ml Wasser
1 EL Zitronensaft
2–3 Blätter Borretsch
½ Tasse geschnittener Schnittlauch
½ Tasse geschnittene krause Petersilie
1 Zweiglein Dill
Kerbel und Blüten zur Deko

Zubereitung

Geben Sie das Wasser, die Käsecreme, den Zitronensaft und die frische Kräuter in den Mixer. Vermischen Sie alles zu einer cremigen Sauce. Befüllen Sie z.B. Champignons damit.

Tomaten-Kakao-Chili-Sauce

1–2 EL Mandelmus
200 ml Wasser
5 getrocknete und eingeweichte Tomaten
2 reife Tomaten
1 EL Rohkakaopulver
½ frische Chilischote oder 1 Prise Chilipulver
1 kleine Prise Kristallsalz

Tipp: Diese Sauce eignet sich bestens als Dip zu Fingerfood und zu Cocktailtomaten-Hälften.

Würzige und pikante Mandelpasten

Die würzigen und fruchtigen Mandelpasten (vegan, roh, bio und ohne Süßungsmittel) sind die absoluten Highlights und waren der Anlass zur Enstehung dieses Buches. Grüne Mandelpasten können auch als naturgesundes, würziges Naschwerk dienen. Sie bringen so viel Geschmack, Genuss und Wohlgefühl, dass schon kleinste Mengen Esslust, Hunger und Nährstoffbedarf stillen und das Energielevel merklich anheben. Und sie sind neben dem Power-Shake ein weiterer ultimativer Energiespender. Der Unterschied zwischen Mandelpasten und Marzipanen liegt in der Konsistenz. Die Pasten können Sie wunderbar für Dips, Aufstriche und für Dekorationen verwenden. Die Marzipane sind geschmeidig, fest und hervorragend formbar. Sie fließen nicht weg. Sie können sie auch gut einige Tage aufheben, in Kugeln formen, für unterwegs mitnehmen usw.

Wissenswertes zu grünen Mandelpasten

Die ätherischen Öle der Kräuter oder Zwiebelgewächse verändern in Verbindung mit dem natürlich fetten Mandelmus ihren eher »reizenden« Charakter. Mandelpasten haben einen unbeschreiblich angenehmen und runden Geschmack und eine sanfte und lang anhaltend nährenden Wirkung. Sie passen gut auf Gurken-, Zucchini- und Rote-Beete-Scheiben oder als Belag auf Rohkost-Cracker. Sie können sie auch als Pilzfüllung verwenden.

Zur Herstellung der grünen Mandelpasten brauchen Sie eine starke Küchenmaschine mit einem S-Messer. Ein Zerkleinerer oder ein Mixer reichen jedoch auch aus, wenn Sie nur die Kräuter zerteilen und diese dann von Hand in das Mandelmus einarbeiten. Auf diese Weise wird die Beschaffenheit etwas »rustikaler«.

Schnittlauch-Paste

Dieses Rezept dient auch als Grundrezept für alle anderen marzipanartigen Pasten. Verändern Sie nur die Zutaten und die Konsistenz nach Wunsch.

Zutaten

200 g Mandelmus
1 Bund frischer Schnittlauch
1 Prise Kristallsalz

Zubereitung

Schneiden Sie den Schnittlauch mit einer Haushaltsschere oder einer Kräuterschere grob klein. Geben Sie ihn dann in die Küchenmaschine. Sobald der Schnittlauch komplett zerkleinert ist, geben Sie das Mandelmus und die Prise Kristallsalz dazu. Wenn Sie die Maschine weiterlaufen lassen, bildet sich aus der Masse zuerst eine Art Knödel. Nach kurzer Zeit löst sich dieser jedoch auf und das grüne Mus verteilt sich wieder besser. Dann ist die Paste fertig.
Sollte die Masse zu fest werden und das Öl austreten, war die Menge der Kräuter zu groß oder die Masse wurde zu lange in der Küchenmaschine bearbeitet. Sie können die Masse dann entweder z.B. zu Bällchen formen und als herzhaftes Naschwerk anbieten, oder Sie geben etwas Wasser in die Maschine, damit die Konsistenz wieder cremiger wird. Falls Sie Öl hinzugeben, wird die Konsistenz fester.

Tipp: Wenn Sie Kugeln formen, können Sie diese in Gewürzpulver und Kräuter eintauchen, wie etwa bei den Käsebällchen.

Varianten

Gartenkräuter-Paste

½ Tasse Schnittlauch
½ Tasse Petersilie
½ Tasse Kresse
1 Esslöffel fein geschnittener Dill
1–2 Blätter Borretsch
1 Prise Kristallsalz

Wildkräuter-Paste

½ Tasse Vogelmiere

½ Tasse junge Brennnesselblätter

1 Tasse weitere Kräuter: zu gleichen Teilen Giersch, Nachtkerzenblätter und Löwenzahn oder 1–2 Bärlauchblätter

1 Prise Kristallsalz

Tomate-Kräuter-Paste

200 g Mandelmus
8 noch weiche, getrocknete Tomaten
alternativ und nicht rohköstlich: 2 EL Bio-Tomatenmark und
1 EL Schabzigerklee alternativ Bockshornklee
1 Prise Kristallsalz
1 TL scharfes Paprikapulver
1 Prise Chilipulver

Zubereitung

Mixen Sie alle Zutaten, und geben Sie die Masse zum Mandelmus. Kneten Sie die Mischung gut durch, bis eine glatte Paste entsteht. Bringen Sie die Paste in die gewünschte Form. Sie können auch Pilze oder Tomaten befüllen oder Gemüsescheibchen damit belegen.

Ananas-Curry-Paste

Mit dieser Mandelpaste verleihen Sie jedem Gericht eine exotische Note!

Zutaten

200 g Mandelmus
8 getrocknete und eingeweichte Ananasscheiben
Saft einer halben Orange
1 Prise Kristallsalz
1 EL Currypulver (mild bis scharf,
je nach Wunsch und Geschmack)

Zubereitung

Mixen Sie die Ananasscheiben, den Orangensaft, das Salz und das Currypulver, und geben Sie alles mit dem Mandelmus in eine Schüssel. Rühren und kneten Sie das Ganze so lange, bis eine glatte Masse entstanden ist. Formen und dekorieren Sie die Paste nach Ihren Wünschen.

Ingwer-Zitrone-Paste

Diese erfrischende und doch wärmende Paste passt zu fruchtigen, aber auch zu würzigen Speisen.

Zutaten

200 g Mandelmus
50 g frische Ingwerwurzel
2–3 geschälte und enthäutete Zitronen

Zubereitung

Geben Sie die Ingwerwurzel mit Zitronensaft und dem Fruchtfleisch der Zitronen in den Mixer. Nach dem Mixen verrühren Sie alles mit dem Mandelmus. Wenn Sie möchten, geben Sie eine Prise Kristallsalz dazu. Kneten Sie die Paste, bis sie schön fest ist. Diese Paste lässt sich mit den unterschiedlichsten Rezepten kombinieren. Lassen Sie Ihrer Kreativität freien Lauf.

Tipp: Würzige Mandelpasten und Mandelkäse können mit jedem beliebigen Salat oder Gemüse kombiniert werden und ergeben damit eine nährstoffreiche und sättigende Mahlzeit!

Süße und fruchtige Mandelpasten

Zubereitung aller süßen Mandelpasten

Kneten Sie alle Zutaten zu einer glatten Masse. Sie können die Masse entweder cremig zubereiten oder die Flüssigkeit reduzieren, sodass die Pasten eine knetbar marzipanähnliche Konsistenz erhalten. Auf diese Weise stehen Ihnen beim Anrichten alle Möglichkeiten offen. Sie können die Pasten pur als Nascherei oder als Beilage zu Desserts servieren.

Varianten

Ananas-Nougat-Paste

200 g Mandelmus
5 getrocknete Ananasringe und 2 Datteln einweichen und anschließend ohne das Einweichwasser mixen
1–2 EL Carobpulver
1 TL Mesquitepulver
½ TL Ceylon-Zimt

Banane-Zitrone-Paste

200 g Mandelmus
4 Bahree-Datteln/Dattelmus
¼ Banane
oder ½ Banane und 2 Datteln
Filet und Saft von 2 Zitronen

Pitahaya-Dattel-Papaya-Paste

200 g Mandelmus
40 g getrocknete rote Drachenfrucht (Pitahaya)
40 g getrocknete Mango
3 entkernte Datteln
1 EL Zitronensaft

Tipp: Die getrockneten Früchte werden in nur wenig Wasser eingeweicht und dann ohne das Wasser mit den anderen Zutaten gemixt. Das Einweichwasser kann zu Fruchtmilch weiterverwendet werden.

Tipp: Die Pitahaya ist eine beeindruckende Erscheinung! Genießen Sie dazu ein Sorbet aus getrockneter roter Pitahaya, gemixt mit etwas Mandelmus, Eiswürfeln aus dem Einweichwasser der Pitahaya und etwas Zitronensaft, und dekorieren Sie es mit Blütenblättern. Reichen Sie dazu ein Konfekt aus Pitahaya-Dattel-Marzipan.

Carob-Lucuma-Orange-Paste

200 g Mandelmus
1 EL Lucumapulver
1 EL Carobpulver
1 EL Dattelmus (selbst püriert)
Filets und Saft einer Orange püriert

Tipp: Diese Mandelpaste schmeckt auch ohne Carobpulver. Dann ist sie hell und cremig. Füllen Sie eine Orange mit dieser Paste, dekorieren Sie sie mit Orangenfilets und mit Krümeln aus getrockneten, zerkleinerten Drachenfrüchten sowie Carobpulver.

Kokos-Mango-Ananas-Paste

100 g Mandelmus
100 g Kokosmus
50 g getrocknete und eingeweichte Mango
50 g getrocknete und eingeweichte Ananas

Dattel-Kakao-Minze-Paste

100 g Mandelmus
2 EL Dattelmus
1 EL Rohkakaopulver
1 fein geschnittenen jungen Trieb Minze

Tipp: Es gibt viele Minze-Sorten mit sehr feinen Aromen. Experimentieren Sie mit dieser Zutat!

Mandelmarzipan

Zutaten

100 g Mandelmus
2 EL Dattelmus
1 TL bis 1 EL Orangensaft, je nach gewünschter Konsistenz

Zubereitung

Mixen Sie das Dattelmus mit Orangensaft. Es sollte noch zäh, aber glatt sein. Kneten Sie es dann mit dem Mandelmus, bis ein Marzipan entsteht. Anschließend können Sie es in jede beliebige Form bringen.

Einfaches Nougat

Zutaten

200 g Mandelmus
2 EL Dattelmus – selbst gemixt!
1–2 EL Roh-Kakao oder Carobpulver
1 Msp. Vanille

Zubereitung

Stellen Sie das Nougat in Handarbeit her. Kneten Sie die Zutaten so lange zusammen, bis sich eine schöne, glatte und formbare Masse ergibt. Anschließend können Sie Ihr Nougat sofort in die gewünschte Form bringen, z.B. sie als Kugeln, Würfel und Nougat-Tafeln servieren.

Mandelmus-Nougat-Masse ist optimal zum kreativen Gestalten von »speziellen« Objekten für festliche Dekorationen. Dieses Nougat-Gesicht zierte beispielsweise die Geburtstagstorte eines jungen Musikers.

Vitalköstliche Version von Mozartkugeln

Nougatmasse: 3 EL Mandelmus, 3–4 gemixte Datteln, 1 gehäufter EL Rohkakaopulver (alternativ Carobpulver)
Mischen Sie alle Zutaten, und kneten Sie sie zu einer Nougatmasse.

Grüne Pistazienmasse: 2/3 Tasse Pistazien, 1/3 Tasse Mandeln, 1 TL Mandelmus, 3 gemixte Datteln, etwas geriebene Zitronenschale
Mahlen Sie die Pistazien und die Mandeln sehr fein. Geben Sie Mandelmus, gemixte Datteln und die Zitronenschale dazu, und kneten Sie alles zu einem feinen Teig.

Marzipanmasse: 3 EL Mandelmus, 3–4 gemixte Datteln, 1 gehäufter TL Lucumapulver
Kneten Sie alle Zutaten zu einer Marzipanmasse.

Formen Sie zuerst aus der Nougatmasse Kugeln, dann aus der Pistazienmasse flache Scheiben, die sich gut um die Kugeln herumlegen lassen. Dasselbe tun Sie mit der hellen Marzipanmasse. Danach glätten Sie die Kugeln, wälzen sie in Kakaopulver oder in Carobpulver und stellen sie für eine Stunde in den Kühlschrank. Schon sind sie servierfertig!

Desserts und Dessertsaucen

Fruchtsorbet

Version mit gefrorenen Früchten

Zutaten

1 EL Mandelmus
200 g gefrorene Früchte, z.B. Mango, Papaya, Aprikose, Pfirsich, Ananas, Banane, Apfel, Birne, Himbeeren, Erdbeeren, Brombeeren oder Heidelbeeren

Kreieren Sie Ihr Lieblingssorbet mit nur einer Fruchtsorte oder mit einer Mischung aus verschiedenen Früchten. Die gefrorenen Früchte bringen ihren eigenen Geschmack und ihre eigene Süße mit sich. Sie können aber auch mit etwas Dattelmus oder einem Stück Banane nachsüßen.

Zubereitung

Geben Sie das Mandelmus und die Früchte in den Mixer, und vermischen Sie alles miteinander.

Version mit Eiswürfel

Zutaten

1 EL Mandelmus

200 g eingeweichte Trockenfrüchte, z.B. Mango, Pitahaya, Ananas und Datteln

Geben Sie das Einweichwasser der Trockenfrüchte in Eiswürfelformen. Diese Eiswürfel werden dann mit den weichen Trockenfrüchten im Mixer zum Sorbet püriert. Sie können auch etwas Orangensaft oder zusätzliches Einweichwasser der Trockenfrüchte dazugeben.

Tipp: Wärmen Sie das Sorbet im Mund immer etwas an, bevor Sie es herunterschlucken. Es ist viel kälter als Speiseeis – daher genießen Sie es langsam!

Joghurt

Zutaten

2 EL Mandelmus
200 ml Wasser
1 TL Probiotics (Pulver oder flüssig)
1 EL Dattelmus

Zubereitung

Mixen Sie alle Zutaten, und lassen Sie den Joghurt bei Zimmertemperatur etwas ruhen. Danach können Sie die entsprechenden Früchte, Vanille, Rohkakaopulver, Carobpulver, abgeriebene Zitronen- oder Orangenschale oder Lucumapulver dazugeben und den Joghurt kühl stellen.

Tipp: Nehmen Sie 500 ml Wasser anstatt 200 ml, dann stellen Sie ein leckeres Lassi her. Exotisch wird es, wenn Sie 1 EL Mandelmus durch Kokosmus ersetzen.

Serviervorschläge

Füllen Sie den Joghurt oder Joghurt-Drink in ein hübsches Glas, und dekorieren Sie entsprechend. Zu einem Erdbeer-Joghurt passt auch ein Püree aus Erdbeeren und Dattelmus, das kunstvoll über die Oberfläche gezogen wird.
Zur Dekoration von Desserts jeder Art können grundsätzlich frische Früchte und Blüten eingesetzt werden.

Cremespeisen

Mit frischen Früchten, etwas Dattelmus und Mandelmus können Sie in Ihrem Mixer herrliche Cremespeisen in allen Geschmacksrichtungen und Farben herstellen. Das funktioniert superschnell und ist kinderleicht. Vermischen Sie einfach alle Zutaten im Mixer

Varianten

Schokocreme

100 ml Mandelmus
3 eingeweichte und gemixte Datteln
20 g Kakaobutter
1 TL Lucumapulver
1 EL Rohkakaopulver oder Carobpulver
Saft einer Orange

Erdbeerdessert

1 EL Mandelmus
100 g Erdbeeren
1 TL Carobpulver
1 Medjool-Dattel
oder 1 TL Dattelmus

Tipp: Dekorieren Sie die Erdbeercreme mit Fruchtmus oder mit frischen Früchten und Blüten, die gerade angeboten werden.

Kokos-Beeren-Creme

1 EL Mandelmus
1 EL Kokosmus
1 EL Carobpulver
150 g Erdbeeren oder Himbeeren
4 Datteln

Tipp: Sie können die Kokos-Beeren-Creme ganz fein mixen oder nur die Beeren mixen und den Rest von Hand mischen, damit es etwas grober wird. Dazu passen hervorragend Erdbeermus und Fruchtleder.

Himbeer-Rosen-Malven-Dessert

1 EL Mandelmus

150 g Himbeeren

½ Banane und etwas Dattelmus zum Süßen

1 Msp. Vanille

½ Tasse frische Blütenblätter von Rosen und Malven

Tipp: Servieren Sie das Dessert mit einer Dekoration aus Rosenblütenblättern, Malvenblüten und frischen Himbeeren.

Gefüllter Mandel-Zimt-Apfel

Zutaten

2 EL Mandelmus
1 Apfel (Rubinette oder Elstar)
4 Datteln
1 TL Ceylon-Zimt

Zubereitung

Geben Sie das Mandelmus, die Datteln und den Zimt in den Mixer. Eine etwas zähere, pastenartige Creme sollte entstehen. Höhlen Sie den Apfel aus, und füllen Sie ihn mit der Creme. Bestreuen Sie den Apfel mit Zimt und Carob. Dieses winterliche Dessert passt wunderbar zur kalten Jahreszeit und zu jeder Weihnachtsfeier!

Heidelbeerpudding

Zutaten

1 EL Mandelmus
200 g frische Heidelbeeren

Zubereitung

Mixen Sie alle Zutaten zu einer glatten Creme, und füllen Sie diese in eine Pudding-Form. Sie können auch etwas Dattelmus oder eine kleine Banane hinzufügen, wenn Sie es ein bisschen süßer haben möchten. Stellen Sie den Pudding für 2–3 Stunden in den Kühlschrank. Danach ist er servierfertig. Heidelbeeren gelieren ganz von selbst nach dem Mixen, daher brauchen Sie keine zusätzlichen Zutaten, damit dieses Dessert eine Puddingkonsistenz erhält.

Dessertsaucen

Fruchtsaucen eignen sich wundervoll für geschichtete Desserts im Glas oder als Beigabe zu rohköstlichen Kuchen und Torten. Oder Sie genießen pure Fruchtstücke mit der Dessertsauce.

Zubereitung aller Dessertsaucen

Geben Sie alle Zutaten in den Mixer, und vermischen Sie alles miteinander. Diese Sauce schmeckt wundervoll zu Fruchtsalaten. Ich verwende selten Süßungsmittel und auch sehr wenig Dattelmus oder Bananen. Viel lieber hebe ich den natürlichen Geschmack der Vitalköstlichkeiten hervor! Natürlich können Sie den Rezepten noch etwas »Süßes« Ihrer Wahl hinzufügen.

Varianten

Vanille-Kokos-Orange

1 EL Mandelmus
1 EL Kokosmus
Saft und Filets von 2 Orangen
1 Msp. Bourbon-Vanille

Carob-Ananas

1 EL Mandelmus
100 ml Wasser
2 Ananasscheiben
1 TL Sonnenblumenlezithin
1 EL Carobpulver

Rohkakao-Zimt-Chili

1 EL Mandelmus
100 ml Wasser
1 Apfel (Elstar)
1 EL Rohkakaopulver
1 TL Lucumapulver
½ TL Zimt
1 Prise Chili

Schoko-Dattel-Pfirsichminze

1 EL Mandelmus
1 EL Dattelmus
1 Tasse Orangensaft
1 Triebspitze der Pfirsichminze.

Tipp: Diese Sauce schmeckt wundervoll zu Fruchtsalaten.

Sauerkirsch-Dattel

1 EL Mandelmus
1 EL Dattelmus
1 Tasse getrocknete und eingeweichte Sauerkirschen
1 Tasse Einweichwasser

Tipp: Diese farbintensive Sauce eignet sich besonders gut für Desserts im Glas!

Erdbeer-Carob-Vanille

1 EL Mandelmus
1 EL Dattelmus
100 g frische Erdbeeren oder getrocknete und eingeweichte Erdbeeren
1 EL Carobpulver
1 Msp. Vanille

Mandelmilch und Shakes

Mandelmilch (Grundrezept)

Zutaten

2 EL Mandelmus
250–300 ml Wasser

Zubereitung

Geben Sie zuerst das Wasser und danach das Mandelmus in den Mixer. Vermischen Sie beide Komponenten zu Mandelmilch.

Diese Mandelmilch ist neutral und kann in verschiedene Geschmacksrichtungen erweitert werden. Fügen Sie einfach die zusätzlichen Zutaten im Mixer zusammen.

Mandelmilchvarianten

Süße Mandelmilch

1–2 weiche getrocknete Datteln. Besonders fein wird die Mandelmilch mit Medjool- oder Bahree-Datteln.

Mandelmilch mit Carob

1–2 weiche getrocknete Datteln

1 EL Carobpulver

Kakao-Zimt

1–2 weiche getrocknete Datteln

1 EL Rohkakaopulver

1 Prise Zimt

Vanille

1 EL Mesquitepulver

Rohkost-Vanille (ausgekratzte Schote oder abgepackt)

Orange-Vanille

statt des Wassers: 300 ml frisch gepresster Orangensaft

2 Datteln

1 Msp. Rohkost-Vanille

Tipp: Genießen Sie die Orange-Vanille-Mandelmilch pur, oder verwenden Sie sie für Ihr »Vitalkost Frühstücksmüsli«. Schneiden Sie dazu die Früchte Ihrer Wahl in kleine Stücke. Geben Sie eine Handvoll über Nacht eingeweichte Nüsse und/oder Sonnenblumenkerne dazu. Dann gießen Sie die Mandelmilch darüber. Über Nacht eingeweichter Sesam passt ebenfalls sehr gut dazu. Sesam ist ein guter Lieferant von leicht verwertbarem organischem Kalzium!

Mandelmilch mit Kokos

1 EL Mandelmus
1 EL Kokosmus
250 ml Wasser

Diese Mandelmilch können Sie sehr gut mit 1 EL Kakaopulver in Rohkostqualität und/oder Carobpulver, 1 EL Mesquitepulver oder 1 EL Dattelmus erweitern.

Keimsaaten-Mandelmilch

1 EL Mandelmus
½ Tasse über Nacht eingeweichter Sesam
½ Tasse über Nacht eingeweichte Sonnenblumenkerne
2 eingeweichte Datteln

Verschiedene Fruchtshakes

Erdbeershake

Zutaten

300 ml Wasser
2 EL Mandelmus
1 TL Mesquitepulver oder 1–2 Datteln
100 g Erdbeeren (oder Früchte Ihrer Wahl,
z.B. Aprikosen, Pfirs che, Pflaumen, Birnen oder Äpfel)

Sie können frische Früchte, aber auch gefrorene Früchte verwenden. Lassen Sie diese vor der Verarbeitung aber antauen. Auch getrocknete Früchte sind denkbar, wenn Sie sie vorher eingeweicht haben.

Zubereitung

Geben Sie die Früchte, das Wasser und das Mandelmus in den Mixer. Erhöhen Sie dann langsam die Geschwindigkeit des Mixers. Zuletzt geben Sie das Mesquitepulver oder die Datteln dazu und mixen alles zu einem cremigen Shake.

Tipp: Ersetzen Sie im Sommer die Hälfte des Wassers durch Eiswürfel, die Sie in den Mixer gegeben. Auf diese Weise erhalten Sie einen herrlichen Eisshake.

Exotische Shakes

Für exotische Shakes eignen sich alle exotischen Früchte. Geben Sie noch etwas frisches Kokoswasser oder 1 EL Kokosmus dazu, und der Urlaub kann beginnen.

Zubereitung wie Erdbeershake

Wichtig: Mixen Sie keine Mandelmilch mit Melonen! Melonen sollten stets allein gegessen oder gemixt getrunken werden!

Power-Shake mit Super Foods

Zutaten

1 EL Mandelmus
1 EL Kokosmus
1 handvoll eingeweichte Cashewkerne
3 getrocknete und eingeweichte Ananasringe
1 TL Rohkakaopulver
1 TL Carobpulver
½ TL Macapulver
½ TL He Shou Wu
½ TL Shilajit
1 TL Mesquitepulver
1 TL Lucumapulver
1 Prise schwarzer Pfeffer
bis zu 1 Liter Wasser, je nach gewünschter Konsistenz

Zubereitung

Geben Sie alle Zutaten in den Mixer, und lassen Sie einen feinen, cremigen Shake entstehen.

Tipp: Dieser Shake ist ein tolles Frühstück, das Sie auch mitnehmen können! Schon 100 ml dieses Shakes bringen Ihnen viel Energie. Der sehr gehaltvolle, energiespende Drink eignet sich hervorragend als Getränk für lange Autofahrten, beim Sport, im Job oder für Schule und Studium, denn er sorgt für gute Nervenkraft und hält den Blutzuckerspiegel auch bei größeren Herausforderungen in Balance.

Abbildungsverzeichnis

Fotos zu den Rezepten: Britta Diana Petri,
RainbowWay® Akademie
Abbildung der Mandelblüten: 2496813 und 2709465 (pgm), www.fotolia.de
Fotos von Ionisator AlkaBest und Tischfilter AlkaPur:
mit freundlicher Genehmigung von Sanuslife
Foto von VitaMix und Personal Blender:
mit freundlicher Genehmigung von Keimling Naturkost GmbH
Foto vom Revoblend Mixer:
mit freundlicher Genehmigung von Ralf Brosius

Quellennachweise:
Nährwerttabelle für Mandelmus
mit freundlicher Genehmigung von
Walter Denzer, Soyana / Schweiz
Beschreibungen der Super Foods
mit freundlicher Genehmigung von
Kirstin Knufmann, PureRaw

einige Bezugsquellen für Rohkost-Produkte und Geräte:
Soyana, Puravita, PureRaw, Keimling, Dr. Goerg, Lifefood, Bambussalz, Taste-of-love, Rohkostgalerie, Vitakeim, die Wurzel

Autorin:

Britta Diana Petri

Inhaberin der RainbowWay® Akademie /
Schule für natürliche Gesundheit, vegane Vitalkost und holistische Lebenskunst

Ausbildungen, Fachfortbildung, Trilogie, Workshops, Seminare, Vorträge, Coaching, Rezeptentwicklung, Projekte, Autorentätigkeit

News, Infos, Termine, Links und Bezugsquellen finden Sie stets aktualisiert auf meiner Homepage.

Kontakt:

Britta Diana Petri
RainbowWay® Akademie
www.RainbowWay.de
info@rainbowway.de

Von Britta Diana Petri bereits erschienen im Schirner Verlag

Britta Diana Petri
Naturgesunde Fruchtleder und Wraps
aus der RainbowWay®-Vitalkost-Küche
Paperback, 96 Seiten, mit zahlreichen farbigen Abbildungen
ISBN 978-3-8434-5053-9

Britta Diana Petri
Köstliche Kokos-Rezepte
aus der RainbowWay®-Vitalkost-Küche
Paperback, 96 Seiten, mit zahlreichen farbigen Abbildungen
ISBN 978-3-8434-5054-6

Alle Angaben werden vertraulich behandelt.
* Der Newsletter kann jederzeit abbestellt werden.

Name/Vorname: ____________________

Straße: ____________________

PLZ, Ort: ____________________

Telefon: ____________________

E-Mail: ____________________

Geburtsdatum: ____________________

Bitte senden Sie mir:

- ☐ weitere Informationen aus dem Schirner Verlag
- ☐ den Schirner Newsletter (nur als E-Mail*)
- ☐ das SPIRIT live & Schirner Magazin

Diese Karte entnahm ich dem Buch: ____________________

Würden Sie dieses Buch weiterempfehlen? ____________________

Vielen Dank!

Das Porto übernehmen wir für Sie!

Antwort

Schirner Verlag
Elisabethenstr. 20 – 22
D-64283 Darmstadt